Editora Appris Ltda.
1.ª Edição - Copyright© 2024 do autor
Direitos de Edição Reservados à Editora Appris Ltda.

Nenhuma parte desta obra poderá ser utilizada indevidamente, sem estar de acordo com a Lei nº 9.610/98. Se incorreções forem encontradas, serão de exclusiva responsabilidade de seus organizadores. Foi realizado o Depósito Legal na Fundação Biblioteca Nacional, de acordo com as Leis nºs 10.994, de 14/12/2004, e 12.192, de 14/01/2010.

Catalogação na Fonte
Elaborado por: Dayanne Leal Souza
Bibliotecária CRB 9/2162

A524d 2024	Amoretti Junior, Regis José
	    A dança dos cata-ventos / Regis José Amoretti Junior. – 1. ed. – Curitiba: Appris, 2024.
	    79 p. : il. ; 21 cm.
	
	    Inclui sumário
	    ISBN 978-65-250-6070-5
	
	    1. Literatura brasileira - Poesia. 2. Pessoas. 3. Cotidiano. 4.Versos.
	I. Amoretti Junior, Regis José. II. Título.
	
	                                                              CDD – B869.91

Editora e Livraria Appris Ltda.
Av. Manoel Ribas, 2265 – Mercês
Curitiba/PR – CEP: 80810-002
Tel. (41) 3156 - 4731
www.editoraappris.com.br

Printed in Brazil
Impresso no Brasil

Regis José Amoretti Junior

a dança dos
Cata-Ventos

Appris editora

Curitiba, PR
2024

FICHA TÉCNICA

EDITORIAL Augusto Coelho
Sara C. de Andrade Coelho

COMITÊ EDITORIAL Ana El Achkar (UNIVERSO/RJ)
Andréa Barbosa Gouveia (UFPR)
Conrado Moreira Mendes (PUC-MG)
Eliete Correia dos Santos (UEPB)
Fabiano Santos (UERJ/IESP)
Francinete Fernandes de Sousa (UEPB)
Francisco Carlos Duarte (PUCPR)
Francisco de Assis (Fiam-Faam, SP, Brasil)
Jacques de Lima Ferreira (UP)
Juliana Reichert Assunção Tonelli (UEL)
Maria Aparecida Barbosa (USP)
Maria Helena Zamora (PUC-Rio)
Maria Margarida de Andrade (Umack)
Marilda Aparecida Behrens (PUCPR)
Marli Caetano
Roque Ismael da Costa Güllich (UFFS)
Toni Reis (UFPR)
Valdomiro de Oliveira (UFPR)
Valério Brusamolin (IFPR)

SUPERVISOR DA PRODUÇÃO Renata Cristina Lopes Miccelli
PRODUÇÃO EDITORIAL Adrielli de Almeida
REVISÃO Simone Ceré
DIAGRAMAÇÃO Renata Cristina Lopes Miccelli
CAPA Mateus de Andrade Porfírio
REVISÃO DE PROVA Jibril Keddeh

Aos meus grandes amigos, irmãos que a vida me deu:
Áureo Leandro Haag (in memoriam)
Sandro Santos da Costa
Gilmar José Gelinger

AGRADECIMENTOS

Agradeço às pessoas que amo, pela força que me dão, mesmo que, muitas vezes, não tenham consciência disso.

Ao Cassiano Ricardo Haag, por ter aceitado prefaciar este livro num prazo tão curto, o que me honrou e emocionou profundamente. Tu és demais!

A Deus, que do seu jeito inexplicável ajudou a encaixar todas as peças.

A todos que, bem ou mal, inspiraram este livro.

*Enquanto o homem não souber para que porto quer ir,
nenhum vento será o vento certo.*

(Sêneca)

PREFÁCIO

Afinal, o que tem a dizer um doutor em Linguística sobre um livro de poemas? O fato é que, enquanto lia, me punha diante de um poeta cuja poesia traduz angústias que ladeiam nossos dias. Enfim, coube a mim a honrosa tarefa de prefaciar esta obra e apresentar, em algumas poucas palavras, seu autor. Ocorre que mantenho uma amizade, admiração e carinho a distância por Regis há mais de trinta anos, por diferentes razões, às quais esta obra se soma. Ainda criança, conheci o adolescente Regis, que, na época, já mantinha uma amizade consanguínea com meu primo Áureo, a quem eu tinha como irmão.

As histórias de sua precursora banda de *rock 'n' roll* em uma cidade do interior do Rio Grande do Sul no início dos anos 1990 viraram lenda e inspiração para as gerações seguintes, incluída a minha própria. Depois, festas comemorando títulos e cervejadas lamentando derrotas no futebol... Muitas histórias foram vividas e compartilhadas com pessoas muito especiais... Regis é um daqueles seres humanos que todos deviam conhecer! E agora me surpreendo ao saber que se tratava de um poeta que, durante anos, transcrevia, absconso, sentimentos em poesia.

Dizem que águas profundas são turvas. Porém, esta obra do poeta Regis José Amoretti Junior nos leva a um agradável passeio em um lago cristalino, em que cada poema permite um profundo mergulho na alma humana. Com um aguçado olhar para sentimentos muitas vezes escondidos, o poeta gaúcho demonstra uma ânsia por viver a intensidade da vida, em meio à superficialidade do mundo contemporâneo.

Cassiano Ricardo Haag
Doutor em Linguística

APRESENTAÇÃO

Quando comecei a folhear cadernos antigos, guardados cuidadosamente desorganizados em várias gavetas, na bagunça do meu quarto, iniciei uma viagem no tempo. Coisas que eu tinha escrito há tantos anos, ainda me pareciam estranhamente atuais. Aquelas poesias, que vieram do fundo de mim, meus desabafos que pareciam tão particulares, já me soavam de outra forma. Me dei conta que elas eram, na realidade, comuns às pessoas. Todos, assim como eu, têm dúvidas, medos, certezas, amores, desilusões, alegrias e um turbilhão de sentimentos desconexos, que muitas vezes nem mesmo nós entendemos o que são. Quando reuni os meus escritos, percebi que eles eram sequenciais, mesmo sem intenção. Claro, eram a sequência de mim mesmo, dos meus anos, das minhas experiências, das minhas percepções, que muito bem podem caber nas reflexões de outras pessoas, os cata-ventos que, na maioria das vezes, se veem obrigados a correr para onde o vento sopra. Outros vão tranquilos e por vontade própria, mesmo sem saber para onde. Há também os mais rebeldes, que procuram direcionar os ventos para onde querem, muitas vezes com sucesso. Pois bem, juntei esse meu achado com coisas mais atuais, escritas a bem pouco tempo, e quis retratar a vida como eu acho que ela é e como eu acho que ela deveria ser, sem curvas nem desvios, direto no ponto. Convido o leitor a mergulhar neste mundo e descobrir se concorda comigo ou se tudo faz sentido, assim como é.

Taquara, 1.º de novembro de 2023

Regis José Amoretti Junior

SUMÁRIO

INTRO 13

SENTIMENTO LIVRE 14

ÂMAGO 15

LANÇAS 16

CELEBRAÇÃO 17

PESADO 18

BRILHO 19

POSSE 20

CLAREZA 21

DIFERENTE 22

PALAVRAS 23

SIMPLICIDADES 24

LEGÍVEL 25

CLAREAR 26

CICATRIZ 27

CANSAÇO 28

SERIAL 29

CERTEZAS 30

ESQUECIMENTOS 31

CALMARIA 32

BATALHAS 33

DE AMAR 34

AMENIDADES 35

TEMPO 36

INSÔNIA 37

PRIMAVERA 38

DAS MEMÓRIAS 39

LINHA 40

O BURRO 41

ÚNICOS 42

TORTO 43

DESPEDAÇADO 44

MEMÓRIAS PRESENTES 45

O VIDRO 46

FLECHAS E ALVOS 47

SORRISO 48

FALO 49

VIDA 50

MUDANÇAS 51

AMNÉSIA 52

REPÚDIO 53

INATO 54

BORRÃO 55

O DINHEIRO COMPRA 56

A BUSCA 57

THE PLAYERS 58

CONTUDO, O NADA 59

1999 60

ANGÚSTIA 61

SENTIDO 62

ENTENDIMENTO 63

OSSO 64

INCRÍVEL 65

PODER 66

ESCATOLÓGICO 67

PALAVRAS II 68

O SOL 69

O FURO 70

SONHOS 71

NÃO ESPERO 72

SOBRE SEGREDOS 73

CONC(S)ERTO 74

FLORES 75

APRENDER 76

CICERONE 77

AMAR: ELO! 78

INTRO

Vi, vendo.
Vivendo.

Crianças!!!
Como o cata-vento
cata o vento, afinal?
Ora, é simples!
Não precisa explicar.
Mas (aí sim)... por quê?
Talvez porque seja
da vida o seu sentido.
É inato, automático talvez.
Mas se acaso ele conseguisse contrapor,
de repente,
por algum achado,
se colocando um pouco
lá do outro lado,
poderia até questionar
aos quatro ventos
se ele realmente cata
ou é catado.

SENTIMENTO LIVRE

Preciso das mais altas montanhas
Com suas várias paisagens de cume
Preciso dos ventos e suas façanhas
Despistar todas as cercas e gumes

Respirar este ar sem fronteiras
Mirar ao alto o céu sem limites
Encontrar-te e contar minhas besteiras
Ter da vida os mais belos convites

Pois voar é um belo pensamento
Que não impõe a si mesmo medidas
Estar solto é o melhor sentimento
Evoluir nossas rotas contidas

Com certeza, ouça bem o que eu digo
Por mais que se negue, finja ou invente
Isso de ser livre, atente, meu amigo
Vem lá do fundo e só depende da gente

ÂMAGO

Quero é saber
o que as bocas não falam,
o que diz o teu coração
nos disparos.
Lá, bem além,
onde as essências exalam
perfumes, distantes até dos mais finos faros.
Está, aonde elas calam,
o que ninguém vê,
mas ao mesmo tempo é tão claro.

LANÇAS

As tuas lágrimas
me magoam.
São lanças perfurando
o universo inconstante
do meu peito,
que bate
no compasso louco
dos que voam.

CELEBRAÇÃO

As sementes brotando vestem a terra
Espetacular manto de vida e esperança
Seja na planície ou ao longo da serra
Promovem em tudo a mais linda mudança

E vai muito além do que podem enxergar
Os nossos olhos de percepção profana
Indica que a vida é para celebrar
Nosso bem maior, única e soberana

A chuva se oferece, sublime e gentil
Transforma, nutre e o milagre completa
E o regozijo daquele que persistiu
São os frutos da terra, que agora coleta

Como nem tudo fica, nem tudo vai
Claro é o sol, do que a gente precisa
Ter o sentimento que tudo atrai
Fazer de amor tudo o que se eterniza

PESADO

Como o mar,
em seu véu de espumas,
ou o vento,
soprando um afago,
no fundo espero
respostas de plumas
para as perguntas
de chumbo que eu trago.

BRILHO

Vi teu olho que me viu,
sem brilho.
O teu olho que me viu
sem brilho.

POSSE

Tudo o que tenho
é o que não tenho.
Nada é tão meu
e disso não desdenho.

CLAREZA

Qualquer escada em qualquer estrada
Um outro dia em que a noite brilha
E eu, tão mundano, com a minha espada
Nem escapo e já encontro outra armadilha

E uma a uma vou transgredindo
Mesmo que entregue a bocas pequenas
Que minha cabeça vão invadindo
Mas são expulsas, com seus dilemas

Não entendo o tempo do perecível
Ou como evolui o que é eterno
A certeza sempre é tão sensível
Folhas arrancadas de um caderno

Pois o problema é o aparente
Ser tudo aquilo o que se enxerga
Há tantas formas no que se sente
Há sempre mais do que se entrega

Nada é tão escuro que não esclareça
Nada é tão claro que não confunda
Nem bom, nem mau, como pareça
Nado pra onde o nada não inunda

DIFERENTE

Eloquente, calado,
sério, engraçado.
Preto, branco,
recatada, franco,
incauto, prudente...
gente!
Pobre, rico
John, Chico,
índio, asiático.
Tranquilo, problemático,
segura, carente...
todos iguais,
mas de um jeito diferente!

PALAVRAS

Apenas palavras
é o que trago nos bolsos
da minha calça surrada.

Não espere dinheiro.
Isso não rege os meus dias
nem me faz ser inteiro.

Amo as palavras.
Que te fizeram sorrir
quando você chorava.

SIMPLICIDADES

Visto as roupas de lindas cores
Que me trouxeste, tão delicada
Em troca eu te entrego vistosas flores
Tudo o que tenho, ó minha amada

Mas também posso oferecer-te mais
Coisas bem simples, e por isso tão belas
Um pôr do sol levo ao teu próprio cais
Onde desembarco minhas caravelas

E quando eu vir lá na culminância
A lua, com os olhos marejados
Dar-te-ei para a vida um gosto de infância
Com doces canções, dos acalantados

Não tenho posses nem muito estudo
Mas te digo, sim, com toda a certeza
Amor é o que sempre regeu meu mundo
Minha real, eterna e maior riqueza

LEGÍVEL

Era só uma folha branca,
até que alguém
inventou de escrever,
sem nada perguntar,
estas palavras.
Agora todos conseguem lê-la.
Se pudesse
será que a folha não pensava
que era bem melhor
ter ficado
como estava?

CLAREAR

Um humano, coberto por versos
Como um véu que o acolhe e protege
Conhece, assim, grandes universos
Nessas tantas sinfonias que rege

Ele encontra ali a resposta
Para perguntas às vezes não feitas
Refletindo sobre o que a vida nem mostra
Pra alargar essas ruas estreitas

Pois tudo pode ser diferente
Depende, amigo, dos montes que nevas
É só beber de uma boa vertente
Uma faísca já ilumina as trevas

Você não está só, nunca enfraqueça
Há sempre abrigo, alguma estrutura
E da poesia nunca se esqueça
Que além de ensinar, ela também cura

CICATRIZ

Sou tua casa mal-assombrada,
teu arrepio,
os teus medos.
Te atraio e assusto
com os meus fantasmas.
Te mostro
todos os meus segredos.
Neste momento sou teu,
nu e sem nenhuma máscara.
Fico inerte em teus braços,
insano, suado, feliz!
Peço que este
momento seja eternizado,
e que teu gosto fique em minha boca
indelével como cicatriz.

CANSAÇO

E quantos idiotas
ainda cruzarei,
com as suas ideias em preto e branco?
Com sua visão
direta do umbigo
e com suas tintas
ultrapassadas?
O que separa,
nunca reata,
inundado em arrogância,
sanga pequena.
Sem a solução,
só com o problema.
Sou apenas mais um,
por aí, desolado.
Mas já me cansa,
profundamente,
estar cansado...

SERIAL

Matou quem lhe matava
com um tiro certeiro,
de forma exata.
Mas agora,
num piscar de olhos,
mal dobrou a esquina
e já há outro que lhe mata.

CERTEZAS

Nada é absoluto,
não importa onde e quando.
Nada é absoluto,
nem isso que estou falando.

ESQUECIMENTOS

Pintou uma dúvida
enquanto eu caía
do oitavo andar...
será que eu desliguei
a maldita luz
da sala de estar?

CALMARIA

O silêncio
cobre o ar
de sabedoria.
Quanto mais quieta,
muito mais inteligente
a companhia.

BATALHAS

Depois de longa caminhada
por entre as trilhas enlameadas,
do alto da montanha
onde tudo inspira,
as cores se misturam
e também se definem.
Como se o futuro encontrasse o passado,
me dei conta,
e finalmente percebi,
que corre em minhas veias
muito sangue derramado.

DE AMAR

Amo incógnitos, perdidos
Amo atônitos, desiludidos
Borboletas, magos, feridos

Amo insensatos, sofridos
Amo abstratos, escondidos
Cães, anônimos, desentendidos

Amo incoerentes, adormecidos
Amo inteligentes, estremecidos
Coalas, nômades, excluídos

Amo o incerto, o que pena por pensar
Amo o que canta, faz poemas e não tem medo de chorar
Só não amo a hipocrisia, a crueldade e o que não
é de amar.

AMENIDADES

Sejamos amenos!!!
Bradam lá do alto.
Mas não há amenidades
aqui no subsolo.
Revidamos para assustá-los,
ao menos um pouco.
Mas logo em seguida
contra-atacam,
e nos dificultam
a vida.
Por aqui não há amenidades.
Apenas a cruel
e dolorosa verdade.

TEMPO

Vou dar uma volta
no ontem
pra ver se me encontro
amanhã,
Não me espere pro jantar.
Talvez demore um mês,
seis horas,
uma semana,
dois segundos...
depois volto
e continuo, teimosamente,
a encarar o mundo.

INSÔNIA

Enquanto
alguns contam
carneirinhos pra dormir,
eu conto
quantos escrotos,
infelizmente, conheci.

PRIMAVERA

Você pode
até desligar o meu rádio,
seu dotô.
Mas nunca,
nunca mesmo,
vai deter
o Rock and Roll.

DAS MEMÓRIAS

Num dado momento, nada de novo
Me volto envolto aos teus chamados
Recordo com os meus papéis riscados
Tempos passados que outra vez movo

São minhas águas que eu mesmo chovo
Pra alimentar meus campos cerrados
Com corpo e alma bem alagados
Sua própria língua fala o meu povo

Com as sensações que agora sinto
Ao regressar, mesmo que ferido
Em tantas histórias, grandes momentos

Confesso, ouça, porque eu não minto
Embora nada tenha escolhido
Voaria sempre nos mesmos ventos

LINHA

É o fim da linha.
Acabou o rabisco,
a risca, a listra, a lista.
O renque, a carreira, a fieira.
O cordel, o fio, a correia.
O trilho, a trilha, a vista.
Findou tudo
de forma tão mesquinha.
Acabou, não tem mais jeito:
é o fim da linha.

O BURRO

Fui burro
quando acreditei.
Melhorei.
Mas isso não fez
da maldição
eu me livrar:
agora sou burro
por não acreditar.

ÚNICOS

Com a companhia tola de mil mins
Eus atormentados, diante do incerto
Rumando junto aos arlequins
Atravessando a sede do deserto

Tomando tantos caminhos diferentes
Às vezes terra, outras água ou ar
Descobrem tarde, e nem tão inocentes
Que, no fim, dão todos no mesmo lugar

Pois sim, amigo desses inquietos mil
Eles são o mesmo, embora não pareça
Ainda que este saiba mais do que o outro viu
Ou aquele pense mais do que eu esqueça

E na somatória do que levam, entre apelos
Só repelem o que não vai ter mais jeito:
Emaranhados em seus fios de novelos
E as palavras que se atira em outro peito

TORTO

Canto um conto.
Conto um canto.
Sou torto,
cresci do pranto.
Ofereço ao quarto escuro
minha presença.
Mesmo que a maioria
nem perceba (ou reconheça)
empresto,
mesmo assim,
minha fagulha
em diferença.

DESPEDAÇADO

Meus pedaços
jogados, por aí.
Extirpados,
navalhados.
Espalhados
pelo caminho.
E eu não posso
retornar para buscá-los.
Preciso seguir assim.
Despedaçado,
estilhaçado,
com as faltas
que me completam.
Completo
dos que me faltam.

MEMÓRIAS PRESENTES

Eu desejo ser essa foto, esse momento
Em que todos sorriem, congelados
Quero eternizar diversos sentimentos
Que, me olhando, teus olhos fiquem marejados

Sentirei o teu beijo em minha paisagem
Junto à nostálgica presença dos ausentes
Me estimarás mais do que a uma mera imagem
E eu te darei a emoção livre de correntes

De repente estarei num bom porta-retrato
Em cima da tua nobre mesa de trabalho
Ao meu lado serão assinados mil contratos
Mas, para ti, infinitamente mais eu valho

Pois sou um breve traço de luz eterno
Nesta escuridão que tu da vida sentes
Embora não pertença ao mais moderno
Serei a tua lembrança boa do presente

O VIDRO

Venha ver,
eu te convido.
Pois sempre haverá
um inseto
tentando atravessar
o vidro.

FLECHAS E ALVOS

A flecha e o alvo
da flecha
é o alvo.
O alvo e a flecha
do alvo
é a flecha.
A flecha é do alvo.
O alvo é da flecha.

SORRISO

Note o que é tão incrível
Nem tudo é assim, tão previsível
Que se encontre sempre exposto

Porque a busca é lá no fundo
Onde está contido o mundo
Que das verdades é composto

Nada prospera sem o amor
De toda forma e toda cor
Da vida o mais lindo gosto

E pra se eternizar no paraíso
Só o que se faz preciso
É sorrir além do rosto

FALO

Desejo bom dia
ao silêncio,
minha resposta.
Mas, louco que sou,
diariamente espero
gotas de gentileza.
Como ases
escondidos debaixo da mesa,
virando o jogo
no mais puro fascínio louco,
no roubo.
Do que me cala fundo
não me calo:
falo.
Mesmo que ninguém ouça
essa voz
que se move, insistente,
no vácuo infinito, no intervalo.

VIDA

A vida passa
pelo jardim
com sua essência,
enquanto rego
as minhas flores,
com sutil e delicada
urgência.

MUDANÇAS

Lembro
quando queria mudar o mundo.
Muito pouco (ou nada)
disso restou.
Em nome da resiliência
foi tudo ao contrário:
foi o mundo
que me mudou...

AMNÉSIA

Esqueci que iria esquecer
esqueci o quê.
Esqueci de esquecer
que havia esquecido.
Mas, afinal,
esquecido o quê?

REPÚDIO

O invisível
ao olho que não vê,
sou invisível
ao olho que não crê.
Não existo pra vocês,
bem sei.
Quanto a mim,
entendo dos senhores
o vilipêndio.
Impossível respeitar.
Mais fácil
condenar, difamar,
esclarecer as diferenças.
Depois seguir, cabeça altiva
do dever cumprido,
resolvido o caso.
Sempre em frente,
rumo ao atraso.

INATO

Fui forjado
em sangue, suor
fogo e poesia.
Nada demais
pra quem nasceu
pro que contraria.
Sem super visão,
ouvido biônico
ou cinto de utilidades.
Sinto as cores,
luzes, amores.
Mas também as dores
e maldades.
É, amigo,
queira ou não,
trago verdades.

BORRÃO

Meu coração,
que só sabe tocar assim,
de forma louca,
não passa de um rabisco sujo
no guardanapo de papel
em que você limpou a boca.

O DINHEIRO COMPRA

O dinheiro compra tudo,
sem ele você não vale nada.
O dinheiro compra tudo,
uma casa, um chapéu, uma namorada.
O dinheiro é tão lindo, te faz pessoa respeitada.
Teus vizinhos te consideram,
teus amigos te adoram.
Quanto vale a tua casa?
Quanto vale o teu sorriso?
Teu nome tá na coluna social...
quanto vale a tua vida?

Tua piscina está cheia,
todos sabem nadar.
Agora, se tu não sabe,
periga se afogar!
Pois se tu tá afundando,
todos vão te abandonar!

A BUSCA

Pela janela dos olhos a alma grita
Ansiosa, aguarda os ecos do desejo
Mundos varam pela madrugada aflita
Esperando despertarem num lampejo

Pois sempre há alguém a procurar
Com teimosia, o que ainda pode ser
Do fundo raso do que o olho encontrar
Ao oculto e raro que a vida oferecer

Sim, há muitas pedras por aí
Tropeçadas nos caminhos do caminho
É necessário no itinerário persistir
A bela rosa se protege com o espinho

Nunca mais digo aquilo que eu calo
Tudo o que ouvem é a voz que me interpreta
O que preciso é, num urgente estalo,
Ser inundado por tudo aquilo que completa

THE PLAYERS

Que jogo é esse,
senhores,
que estamos metidos?
Vai mal...
o goleiro é frangueiro.
O juiz, ladrão.
O centroavante é zagueiro.
E o resto, boçal.
Que é isso, minha gente?
Só tem perna de pau!!!

CONTUDO, O NADA

Nada fácil
de resolver,
o nada.
Contudo,
isso envolve
tudo aquilo
que não houver.

1999

Sou um mil e novecentos
e noventa e nove
hoje.
Sou hoje
em um mil e novecentos
e noventa e nove.

ANGÚSTIA

O meu sangue
é sagrado.
Não é pra ser,
assim, em vão,
derramado.
Dizem que tudo é um jogo,
mas eu não estou aqui
pra ser jogado.
Da minha vida
eu mesmo seguro o leme,
o que o olho não vê
é o que minha razão teme.
Só espero
o que não espera
o meu desespero.
Mas pode crer,
um dia me vingo.
Procuro alguém,
mas parece que estão todos dormindo.
Afinal, meu amigo,
nos convenceram:
ainda é muito domingo.

SENTIDO

Sentido
não vejo mais.
Desejo sentido.
Apenas essa chuva
de estrelas
em teus olhos
me faz voar,
livre, junto aos
mais belos pássaros,
como se fosse eu,
em meu delírio louco,
um deles.
Mas quando, tristemente,
teus olhos plenos
se desviam dos meus
num rompante,
eu caio novamente ao chão,
e perco
o pouco que eu tinha
de esperança e ilusão.

ENTENDIMENTO

Mudo, mudo.
No calor dos meus
riscos.
Rabiscos que faço
no papel de meus dias.
Celofane de ofício,
envolvido no vício
de esperar sempre mais
do que pode ser.
Um solitário e errante
que, no fundo,
deseja apenas
e tão somente
entender.

OSSO

Às vezes ganho um osso,
graças à imensurável bondade
de algum coração.
Bem ou mal,
depois de roer um pouco,
sempre o enterro
no fundo do quintal.

INCRÍVEL

O crível
é, hoje,
o impossível,
dá pra perceber.
De tão difícil,
improvável,
incogitável,
que se tornou crer.

PODER

Posso mover,
queira ou não queira,
o céu e a terra,
assim, solito.
Pois, sinceramente,
vejo que basta,
apenas e tão somente,
um mísero palito.

ESCATOLÓGICO

Mas é isso,
meu rapaz.
O ser humano
é o resultado
do próprio esterco que faz.

PALAVRAS II

Escrevo.
Não quero aprisionar
as palavras,
somente libertar
a minha dor.
Preciso dizer minha verdade,
espalhar o meu amor.
Escrevo.
Assim como quem diz.
Escrevo,
enfim,
para tentar ser feliz.

O SOL

Brilha o mundo
um brilho louco,
que nem todos veem.
Um manto de energia,
no qual você escolhe,
se pro mal ou pro bem.
Mantenha sempre
a mente acessível
para as coisas incertas.
Pois o sol vai entrar
só se encontrar
as janelas abertas.

O FURO

Me encontrei aqui,
perdido por entre
os desejos
que não desejo.
Dessas verdades mentirosas,
teimosas,
que me queimam.
Não há verdades aqui,
nem mais desejos...
só o furo
que a bala deixou.

SONHOS

Fotos antigas espalhadas no chão
Lá fora o vento e sua dança frenética
Abro a janela, já não tenho ilusão
Queria tanto uma licença poética

Nada sei desse mundo que gira
Por entre estantes, prateleiras sortidas
Do meu relógio que marca só o que me fira
Das altas paredes, entre nós erguidas

Destranco a porta, convido a entrar
Os poucos sonhos que eu ainda tenho
Aquilo que pode fazer algo mudar
E libere tudo o que eu contenho

NÃO ESPERO

Não espero que a luz
comece a brilhar
sem que eu a ligue.
Não espero que o sol
invada meu lar
por uma tela.
Não espero ver a lua
atirado em meu sofá
com as minhas chinelas.
Preciso correr,
ir em frente,
pra chegar no meu lugar
e, enfim,
me livrar
de todas as correntes.

SOBRE SEGREDOS

Não tenho segredos,
mas guardo os teus.
Os teus segredos
são meus.
Mesmo que essas coisas
minhas ideias baguncem,
nem mesmo os meus segredos,
tão justos,
nem eles me pertencem.

CONC(S)ERTO

Preciso de um concerto
para o meu coração
sem conserto.
Algo que bata
no ritmo
doido
do meu desassossego.
Só um concerto
para o que não
tem conserto.

FLORES

Flores às senhoras,
flores aos senhores.
Flores ao presidente
e aos senadores.
Flores ao deputado,
flores ao prefeito.
Flores ao ministro
e ao satisfeito.
Flores ao careta,
flores ao secretário.
Flores ao extremista
e ao autoritário.
Aos milhares e milhares
que trancam as portas.
Sras. e Srs.:
a todos vocês
flores mortas!

APRENDER

Até hoje lembro
do que se sucedeu.
Ele não sabia voar,
até que um belo dia,
depois de tanto tentar,
finalmente aprendeu!!!

CICERONE

Eu sou a sombra da tua sombra
Eu sou o grito pelo não dito
Eu ainda sonho e acredito

Deste caminho eu sou o pó
De uma corda eu sou o nó
Um peixe de aquário que nada só

Fecho a cara abro um sorriso
Eu contradigo o que contradigo
A tua pele é o meu abrigo

Do Rock 'n' Roll eis o escravo
Sou o que canta para ser salvo
De toda a flecha... eu sou o alvo!

Sigo penteando minhas madeixas
E não me queixo das minhas queixas
Meu consolo é um som do Raul Seixas

A sola do sapato despregada
Sou o que morro mas nunca mata
Não sou o carro, sou a estrada

AMAR: ELO!

Preto
Branco
Rosa
Amarelo
Arco-íris
Preto Branco Rosa Amarelo Arco-íris
Preto Branco Rosa Amarelo Arcoíris
PretoBrancoRosaAmareloArcoiris
pretobrancorosaamareloarcoiris
catrenoparobismcraoeraororilas